GET SET FOR SCHOOL®

NOMBRE _____

Mi Primer Libro Escolar

Coloreo, dibujo, cuento, escribo y me preparo para la escuela

VACA   BOTA   PEZ   GATO   PATO

8001 MacArthur Blvd
Cabin John, MD 20818
301.263.2700
www.getsetforschool.com

Autoras: Jan Z. Olsen, OTR y Emily F. Knapton, M.Ed., OTR/L

Ilustradora: Jan Z. Olsen, OTR

Autor de traducción en español: Sergio Martínez

Diseñadoras gráficas de HWT: Julie Koborg y Nichole Monaghan

Copyright © 2013 Get Set for School®

Primera Edición

ISBN: 978-1-939814-05-0

123456789Global151413

Printed in the U.S.A.

El contenido de este libro está protegido por las leyes de los derechos de autor de EE.UU. Si un libro ha sido adquirido para un niño, la autora y Get Set for School, dan permiso de copiar páginas únicamente para que ese niño pueda hacer tarea y práctica adicional. Las páginas copiadas no pueden ser entregadas a otras personas sin el permiso de Get Set for School.

The contents of this consumable workbook are protected by US copyright law. If a workbook has been purchased for a child, the author and Get Set for School give limited permission to copy pages for additional practice or homework for that child. No copied pages from this book can be given to another person without written permission from Get Set for School.

¡BIENVENIDOS!

Bienvenidos al currículo de Get Set for School®. Este currículo prepara a los niños para el kindergarten de manera apropiada según el desarrollo. Este libro es parte de nuestro programa. Ayudará a niños de cuatro años a prepararse para la escuela al ayudarles con las destrezas de colorear, dibujar, contar e iniciar las destrezas de escritura. Encontrás el alfabeto, dibujos, colores, figuras, Mat Man®, letras y números. Los niños podrán cantar, colorear, dibujar y contar todo el año.

Los niños podrán practicar con este libro:

- Conocimiento del alfabeto
- Destrezas del uso de la crayola
- Dibujar y colorear
- Reconocimiento de colores y figuras
- Conteo y números
- Letras y destrezas de escritura

Somos terapeutas ocupacionales y especialistas en educación que respetamos las necesidades de los niños. También sabemos qué esperar de los niños en kindergarten. Sabemos que un currículo ideal debe ser divertido y mismo debe enseñar y construir los fundamentos que los niños necesitan para kindergarten. Enseñamos usando música, materiales multisensoriales y libros que favorecen a los niños y al mismo tiempo los hacen divertirse.

Lo fundamental es el cuidado con el cual usamos las manos y los juegos con letras y números. Los niños, muy felices, construyen letras y números antes de escribir. También les enseñamos como sujetar y usar la crayola. Adquirir estos hábitos de manera temprana, les servirá para los años escolares venideros.

Usando *Mi Primer Libro Escolar*

Mi Primer Libro Escolar esta dirigido a niños de cuatro y cinco años de edad que tienen las destrezas apropiadas de desarrollo para su edad.

Antes de empezar a usar este libro, puedes conocer el manual *Readiness & Writing Pre-K Teacher's Guide*. Este manual ofrece consejos esenciales para el uso de *Mi Primer Libro Escolar* y otros materiales de preparación de Get Set for School, incluyendo Wood Pieces for Capital Letters, los discos compactos de música, Flip Crayons®, Stamp and See Screen®, Roll-A-Dough® letras y otras herramientas multisensorials que serán la base para el éxito escolar.

Se ajusta al nivel de desarrollo y estilo de aprendizaje de cada niño

Usen el manual de maestros para seleccionar material y estrategias adecuadas. Las lecciones estan planeadas para que niños con niveles de habilidad diferentes puedan participar juntos exitosamente. Es de esperar que haya una amplia variación en el desarrollo a los cuatro años y hasta los cinco, incluyendo los precoces y los rezagados. Algunos niños pueden estar aprendiendo inglés o tener circunstancias y necesidades especiales. Ustedes tienen la flexibilidad de ajustar el paso de la instrucción a las necesidades del niño.

Demostración

Aunque *Mi Primer Libro Escolar* enseña las letras en orden apropiado según el desarrollo de los niños, puedes alejarte del mismo para enseñarles a escribir su nombre. ¡Demuestra! Los niños aprenden mejor viendo e imitando lo que tu haces. Ayúdales a escribir sus nombres primero en mayúscula y luego, justo antes de kindergarten, en minúscula.

Todos los niños pueden tener éxito con nuestro Get Set for School Readiness & Writing programa. Ya sea si es cantar, construir letras, contar, pintar; encontrarán actividades que se adecuan a sus necesidades.

¡Esperamos que disfruten nuestro programa!

Emily F. Knapton   *Jan Z. Olsen*

A	B	C	D	E	F	G	H	I	J	K	L	M
55	49	35	47	27	25	41	29	31	45	53	23	59

TABLA DE CONTENIDOS

ALFABETO 4

DESTREZA CON CRAYOLA
Destrezas tempranas que incluyen como sujetar, ubicar y mover las crayolas.

Noche Estrellada	Apunto y Garabateo.................5	Mariquita/Hormiga/Abeja Apunta y Colorea 8
Titileos	Apunto y Garabateo.................6	Mariquita/Hormiga/Abeja Apunta y Traza............ 9
Fuegos Artificiales	Apunto y Garabateo.................7	

DIBUJOS, COLORES y FIGURAS
Dibujos y formas fáciles de colorear como práctica de destreza con crayolas.

.... 10 - 11
.... 12 - 13
.... 14 - 15
.... 16 - 17
.... 18 - 19

VERTICAL y HORIZONTAL
Coloreado y pre-trazado preparan a los niños para las figuras y letras que usan líneas verticales y horizontales.

Coloreando y Trazos .... 20 - 21	E .... 26 - 27
Cruz 22	Rectángulo 28
L 23	H, T, I .... 29 - 31
Cuadrado 24	Coloreando 32
F 25	U 33

C MÁGICA
El conejo de la C Mágica le enseña a los niños a empezar la C arriba. Las páginas de pre-trazado prepara a los niños para círculos y letras.

C .... 34 - 35	G .... 40 - 41
O .... 36 - 37	S .... 42 - 43
Círculo 38	
Q 39	J .... 44 - 45

Mi Primer Libro Escolar

N	Ñ	O	P	Q	R	S	T	U	V	W	X	Y	Z
61	61	37	48	39	51	43	30	33	65	66	67	68	69

CURVAS GRANDES y CURVAS PEQUEÑAS
Los niños aprenden que las letras se forman con una línea grande y luego curva grande o curva pequeña a su derecha.

D ....46 - 47
P 48

B 49

DIAGONALES
Las líneas diagonales son las más avanzadas. Las páginas de pre-trazado proveen práctica antes de empezar con letras y formas diagonales.

R ....50 - 51
K ....52 - 53
A ....54 - 55
Triángulo 56
Diamante 57
M ....58 - 59
N, Ñ ....60 - 61

Repaso de Figuras 62
Mat Man Shapes 63
V ....64 - 65
W 66
X 67
Y 68
Z 69

ACTIVIDADES DEL ALFABETO

Alfabeto ....70 - 71
Letras mayúsculas y minúsculas ....72 - 73

Combinando la Minúscula ....74 - 75

NÚMEROS
Los números son fáciles cuando los niños aprenden con los dedos y animales. ¡Cuenta los animales y sus patas también!

Mat Man® 76
Una Oruga 77
Dos Patas 78
Dos Pollitos 79
Tres Peces 80
Cuatro Animales 81
Juego con Cinco Dedos 82
Cinco Estrellas de Mar 83

Seis Mariquitas 84
Siete Tortugas 85
Ocho Arañas 86
2 - 4 - 6 - 8 Patas 87
Nueve Caracoles 88
Diez Gusanos 89
Repaso de Números ....90 - 91

EXTRAS

Revisando la Preparación ....92 - 93
Tiras de Mayúsculas 94

Tabla de Letras ....contratapa

A B C D E F G

H I J K

L M N Ñ O P

Q R S T U V

W X Y Z

Mi Primer Libro Escolar

Mariquitas, hormigas y abejas yo vi, no se parecian a ti o a mí.
Caminaban por el muro con paso seguro,
las mariquitas, hormigas y abejas que vi.

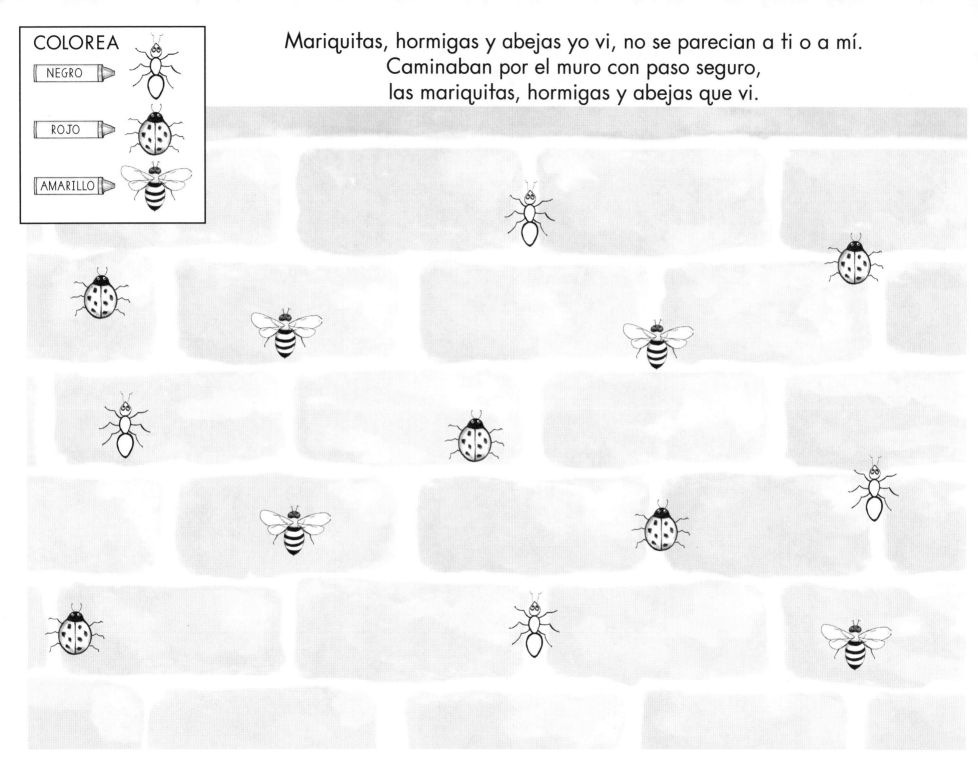

6 patitas que caminan hacia arriba, 6 patitas que caminan hacia abajo,
6 patitas que se esconden y vuelan al trabajo.

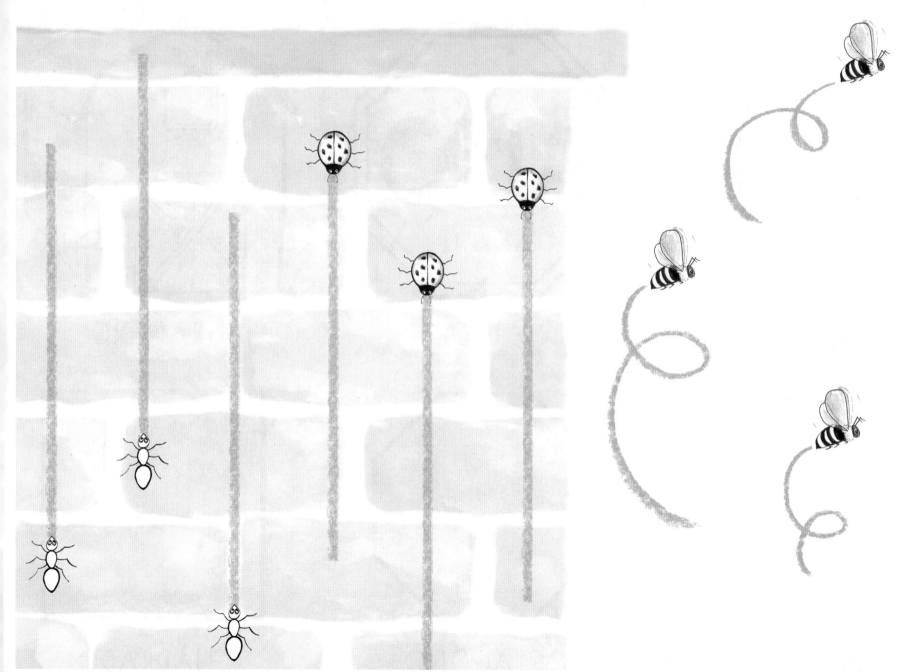

MANZANA

ALTO

GRANERO

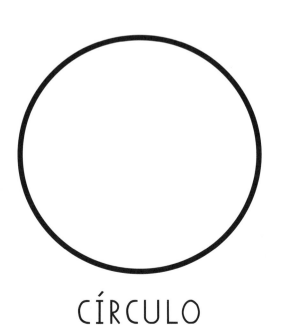
CÍRCULO

OCTÁGONO

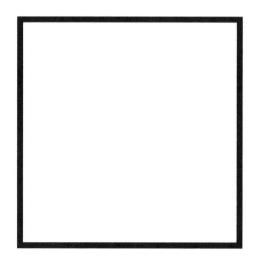
CUADRADO

VERDE

ÁRBOL

EJOTE

PERA

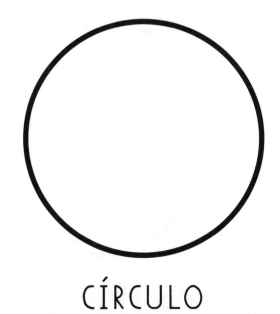
CÍRCULO

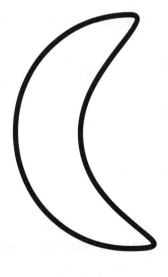
LUNA

ÓVALO

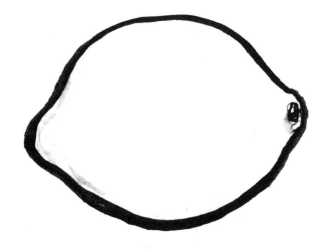
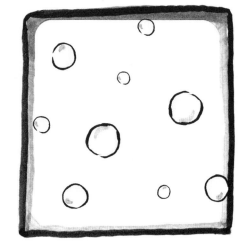
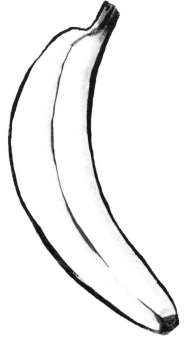

LIMÓN QUESO PLÁTANO

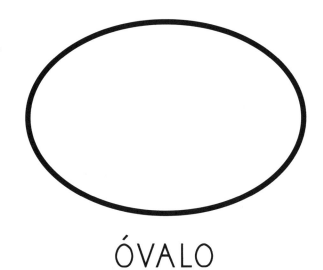
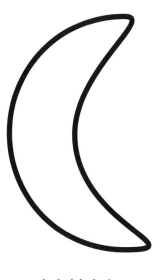

ÓVALO CUADRADO LUNA

PÚRPURA

BERENJENA UVAS FLOR

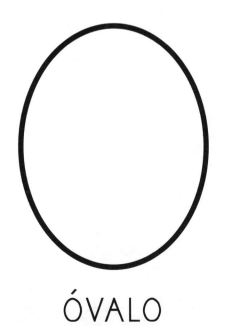 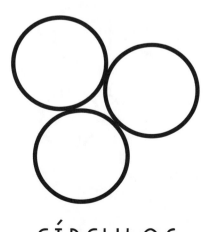 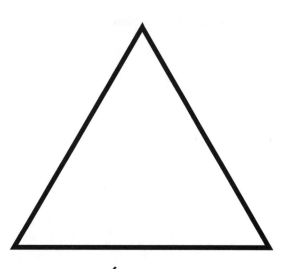

ÓVALO CÍRCULOS TRIÁNGULO

AZUL

CUADERNO

ARÁNDANOS

PEZ

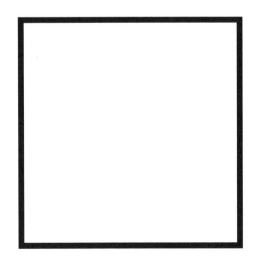
CUADRADO

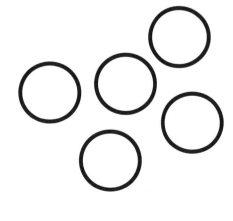
CÍRCULOS

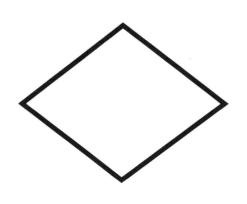
DIAMANTE

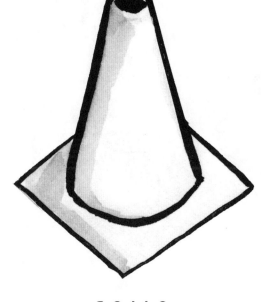

CALABAZA   CONO   ZANAHORIA

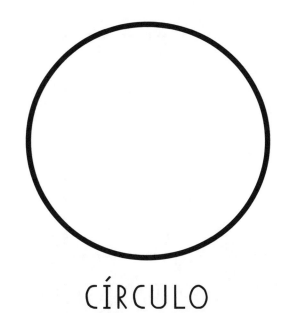
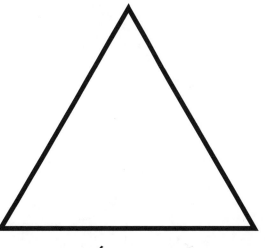

CÍRCULO   TRIÁNGULO   RECTÁNGULO

CERDO TUTÚ FLAMENCO

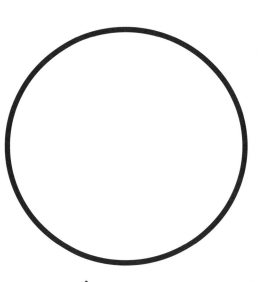

ÓVALO CÍRCULO RECTÁNGULO

MARRÓN

BÚFALO

OSO

BOTA

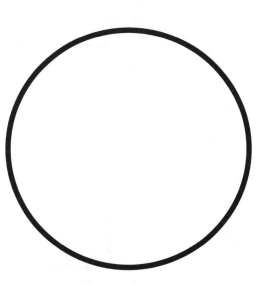
RECTÁNGULO

CÍRCULO

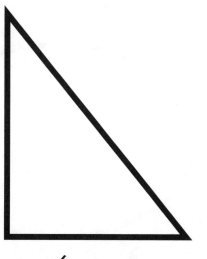
TRIÁNGULO

 GRIS

ELEFANTE　　　　BASURERO

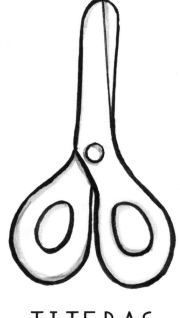

TIJERAS

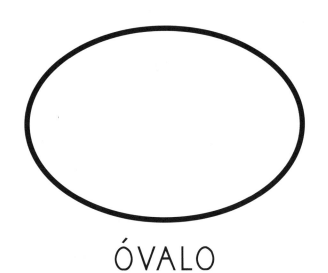

ÓVALO

RECTÁNGULO

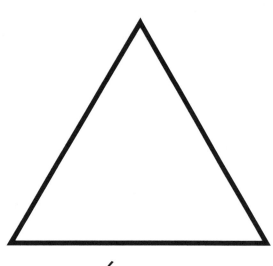

TRIÁNGULO

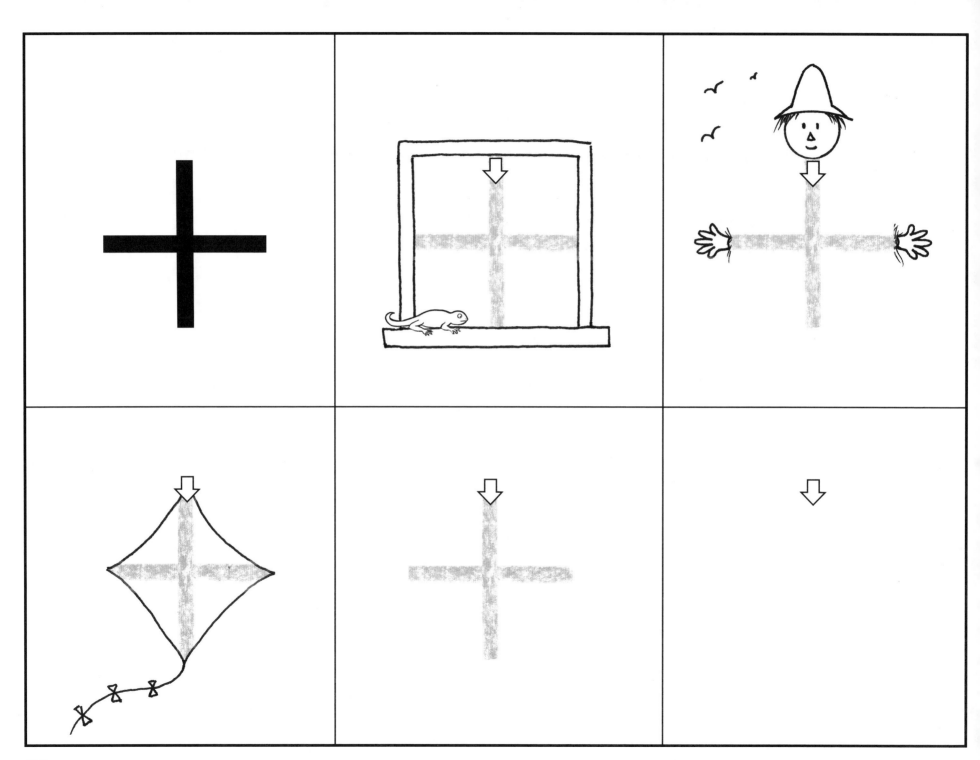

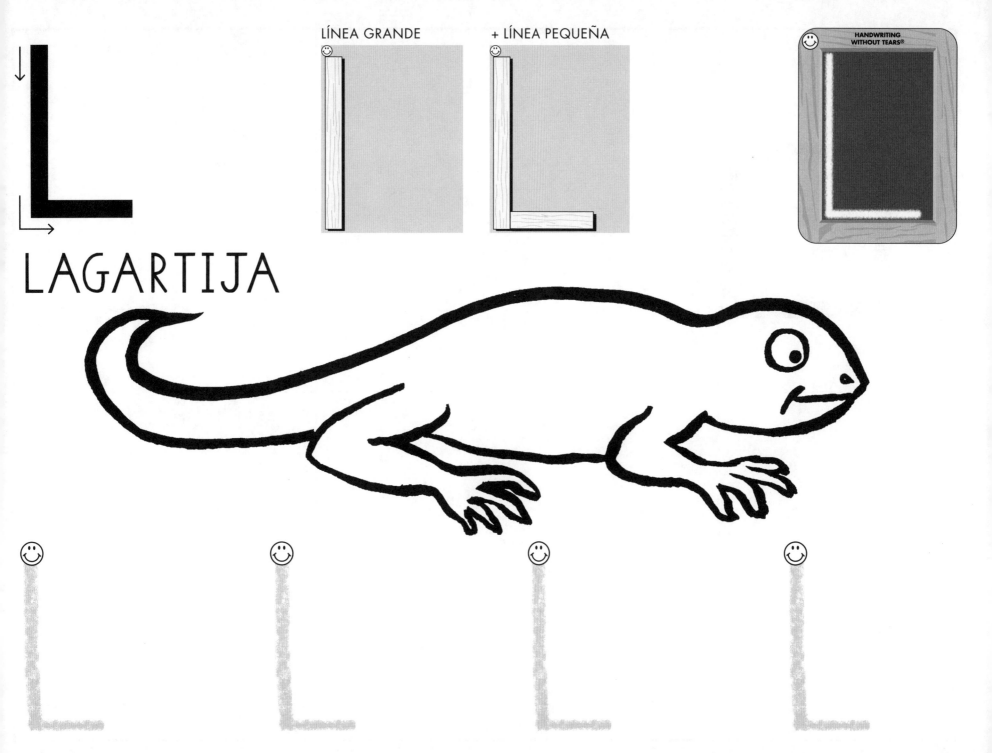

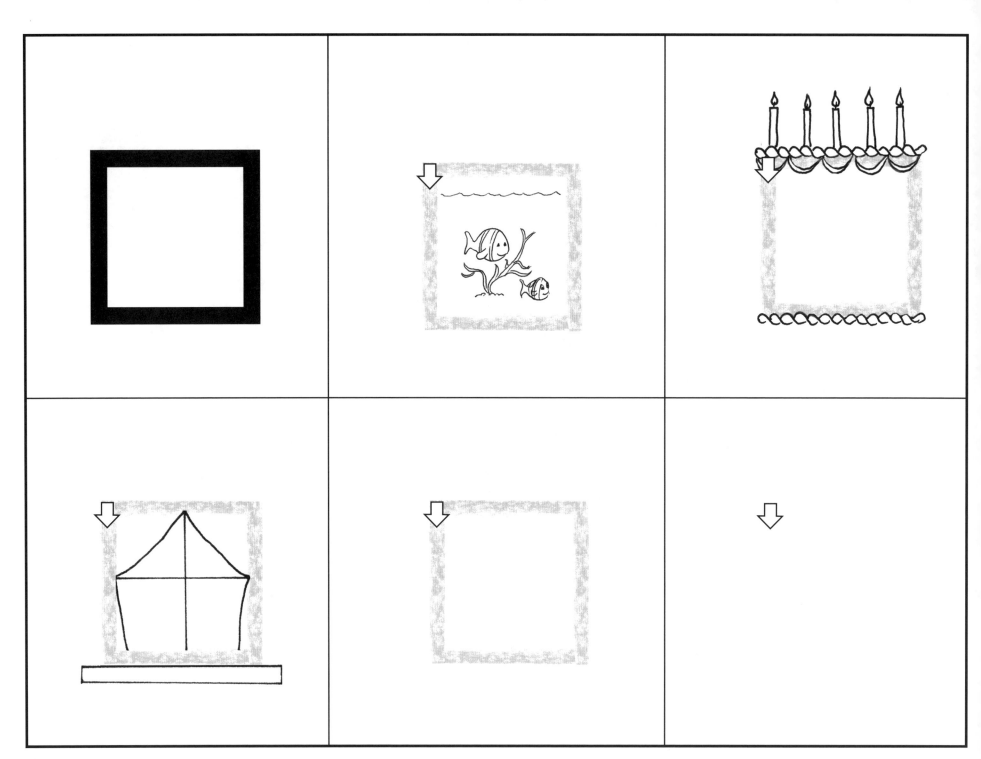

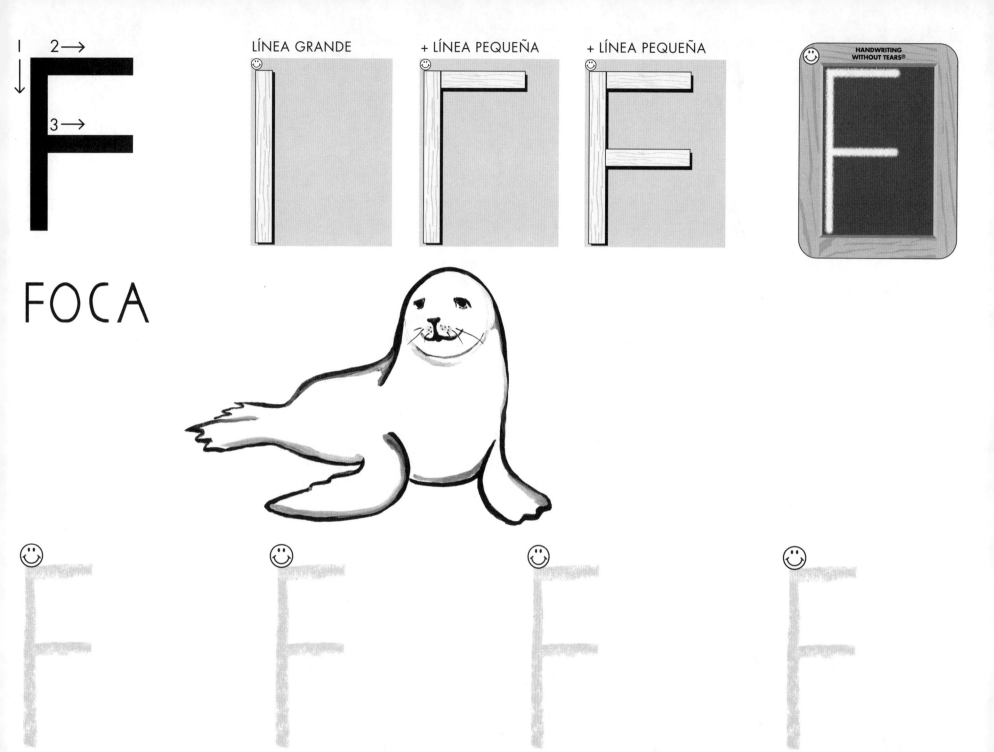

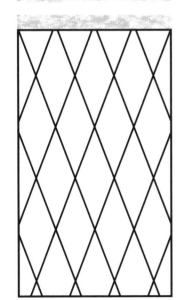
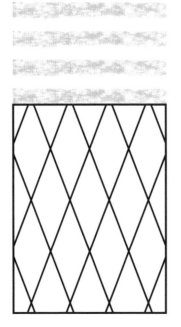
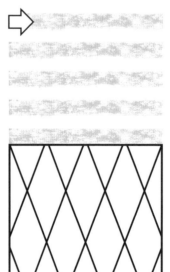
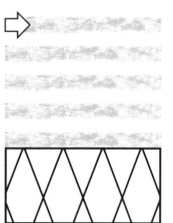

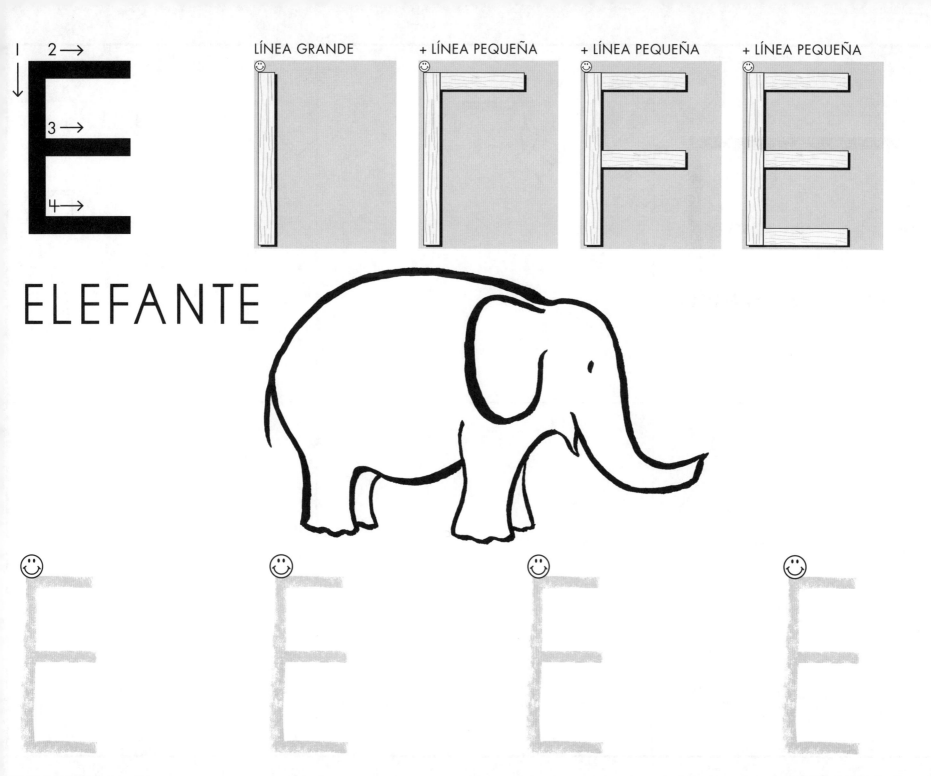

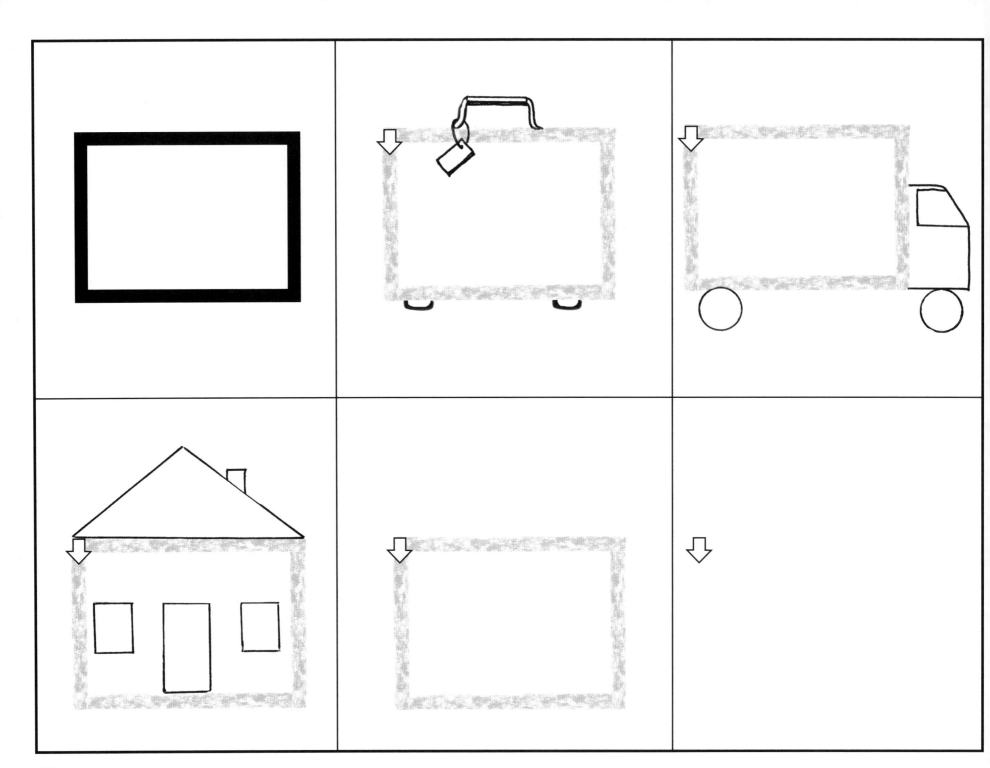

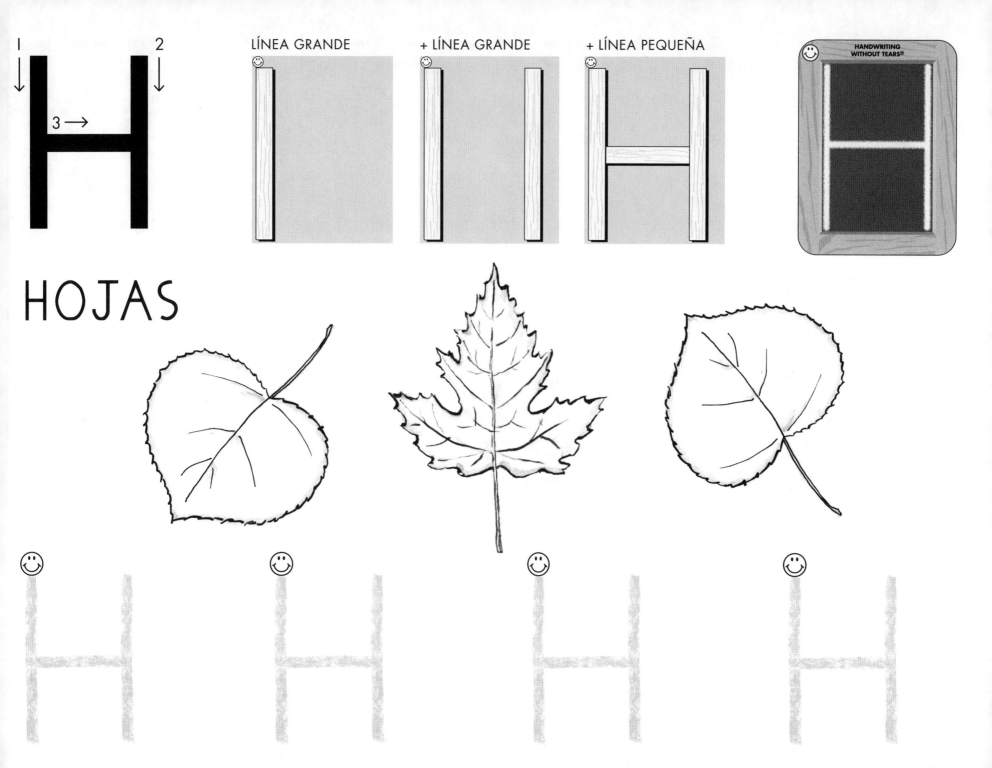

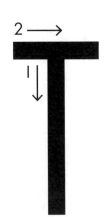

LÍNEA GRANDE +LÍNEA PEQUEÑA

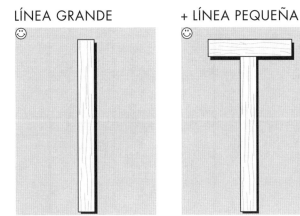

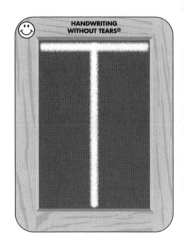

TORTUGA

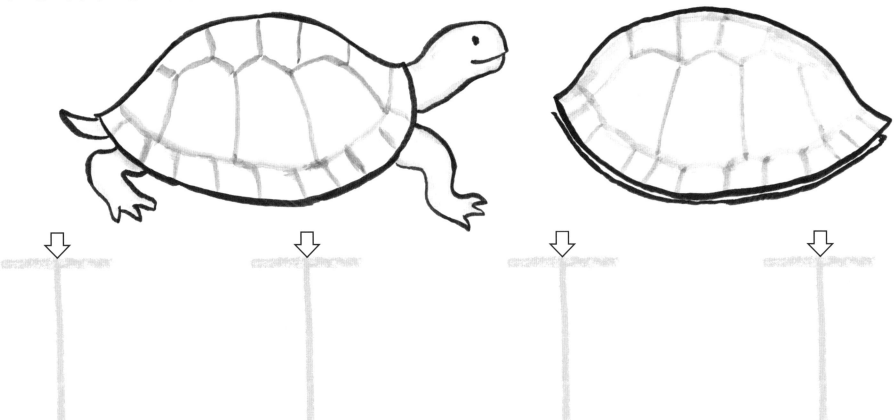

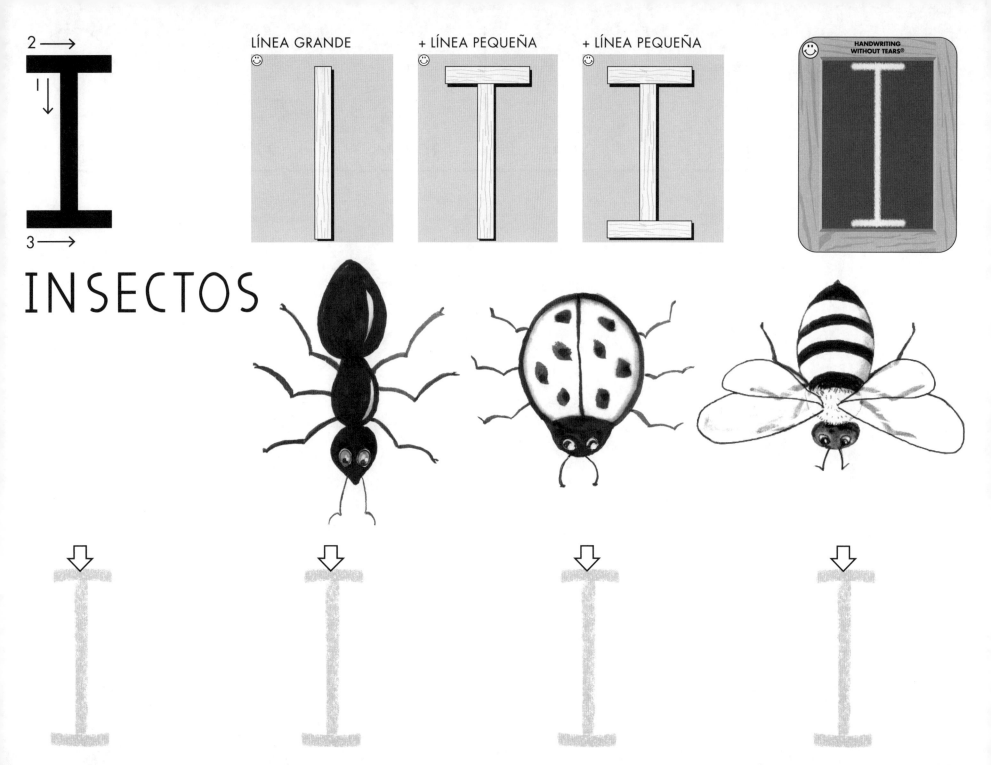

| LLUVIA | CHARCO | CAPA | BOTAS | BARCO | SOMBRERO |

U

UVAS

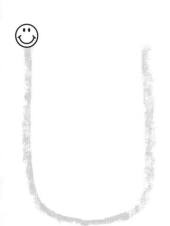
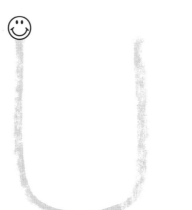

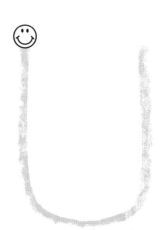

Soy el Conejo de la C Mágica.

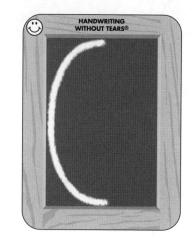

CURVA GRANDE

CARRO

OSO

CURVA GRANDE   + CURVA GRANDE

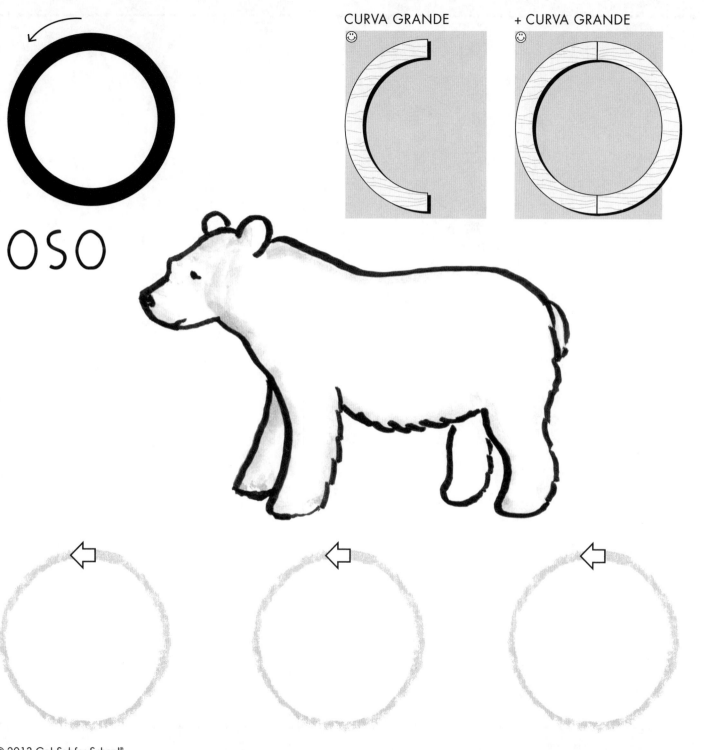

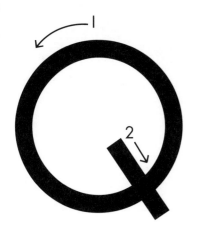 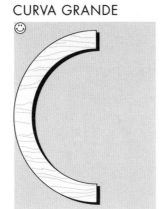 CURVA GRANDE 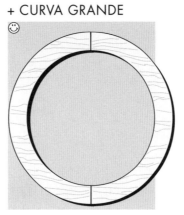 + CURVA GRANDE 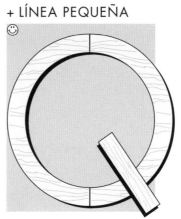 + LÍNEA PEQUEÑA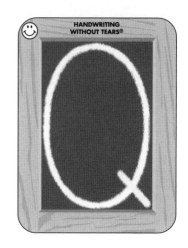

QUITASOL

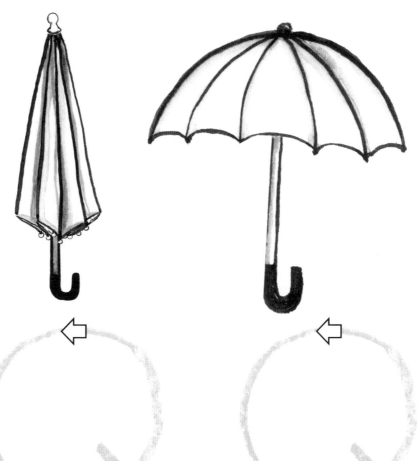

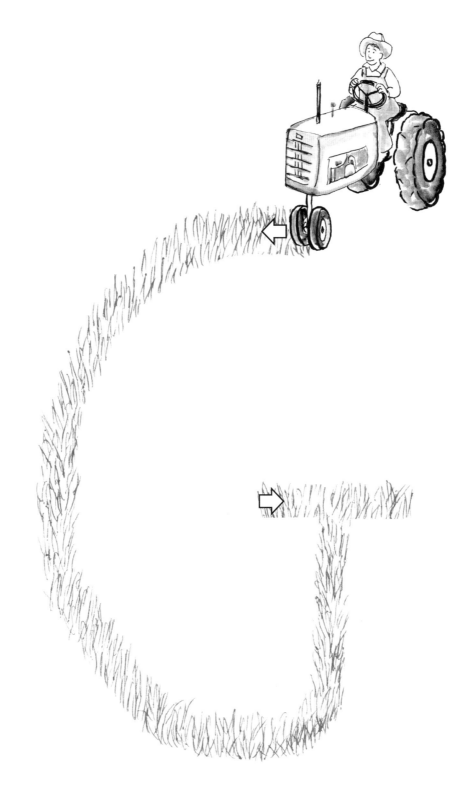

CURVA PEQUEÑA + CURVA PEQUEÑA

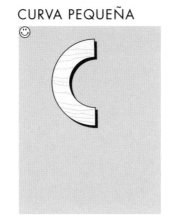  

SERPIENTE

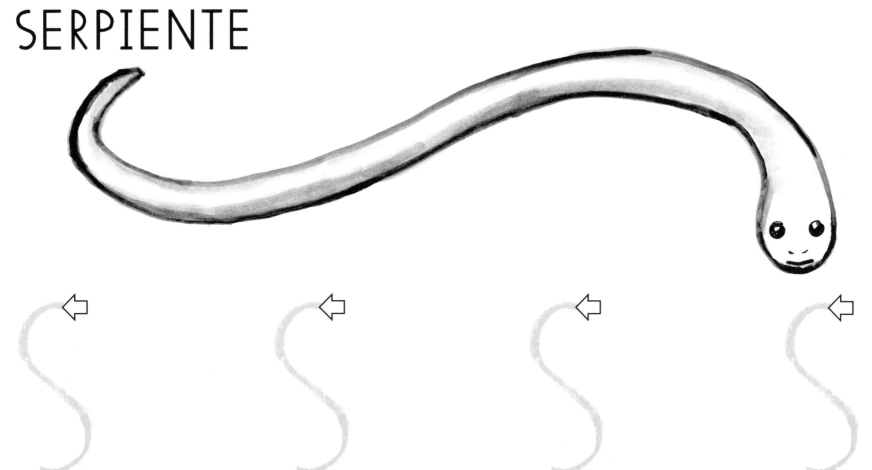

J

JIRAFA

D

LÍNEA GRANDE + CURVA GRANDE

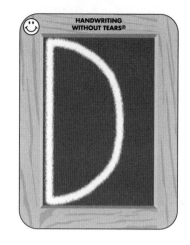

DELFÍN

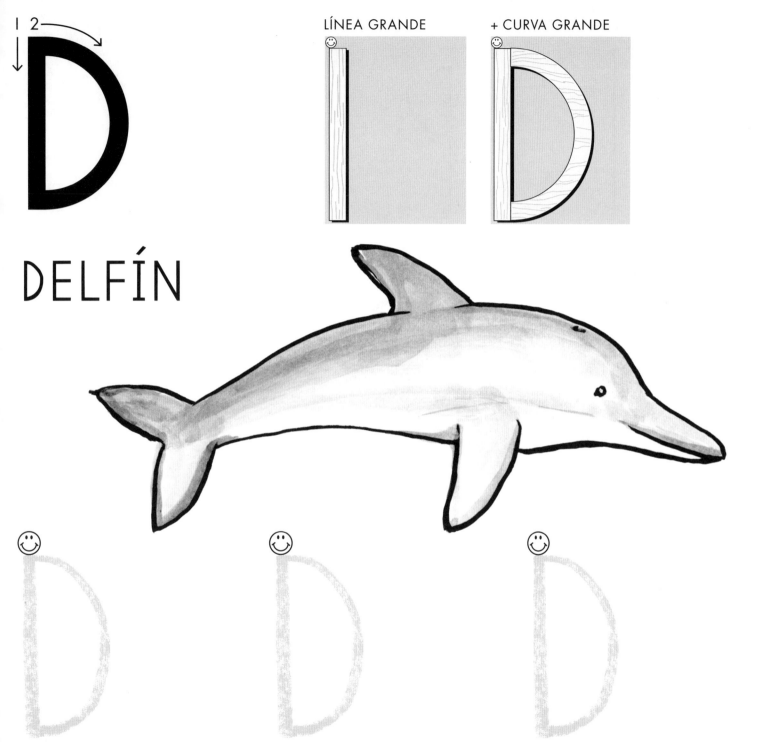

P

LÍNEA GRANDE + **CURVA PEQUEÑA**

PATO

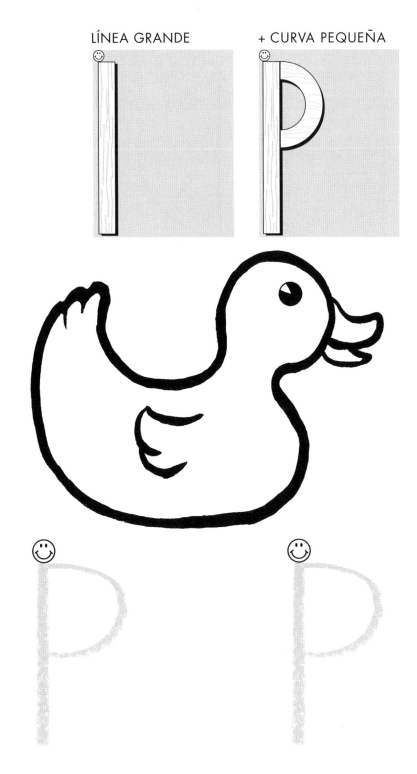

BOTAS

LÍNEA GRANDE +CURVA PEQUEÑA +CURVA PEQUEÑA

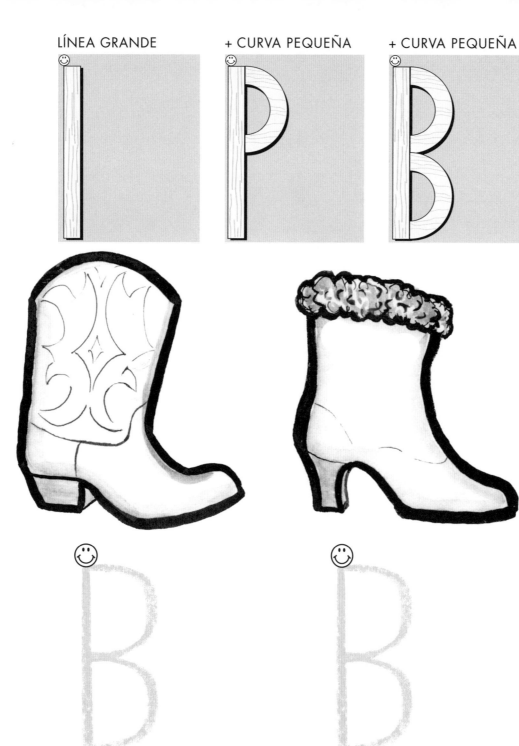

© 2013 Get Set for School® Mi Primer Libro Escolar **49**

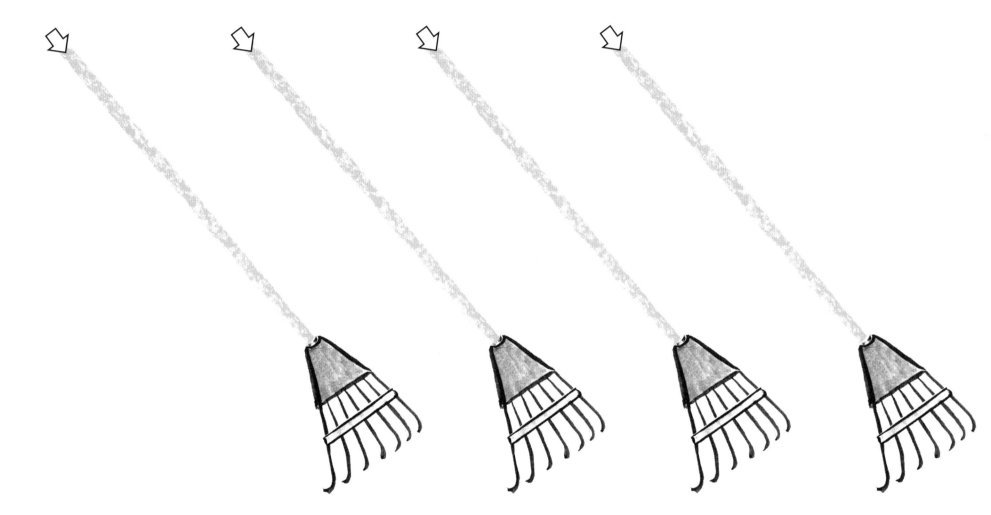

RASTRILLO

LÍNEA GRANDE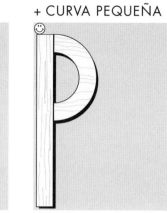

+ CURVA PEQUEÑA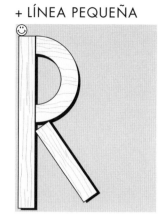

+ LÍNEA PEQUEÑA

 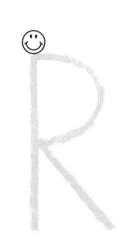 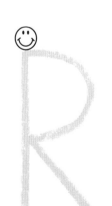 

© 2013 Get Set for School®

Mi Primer Libro Escolar **51**

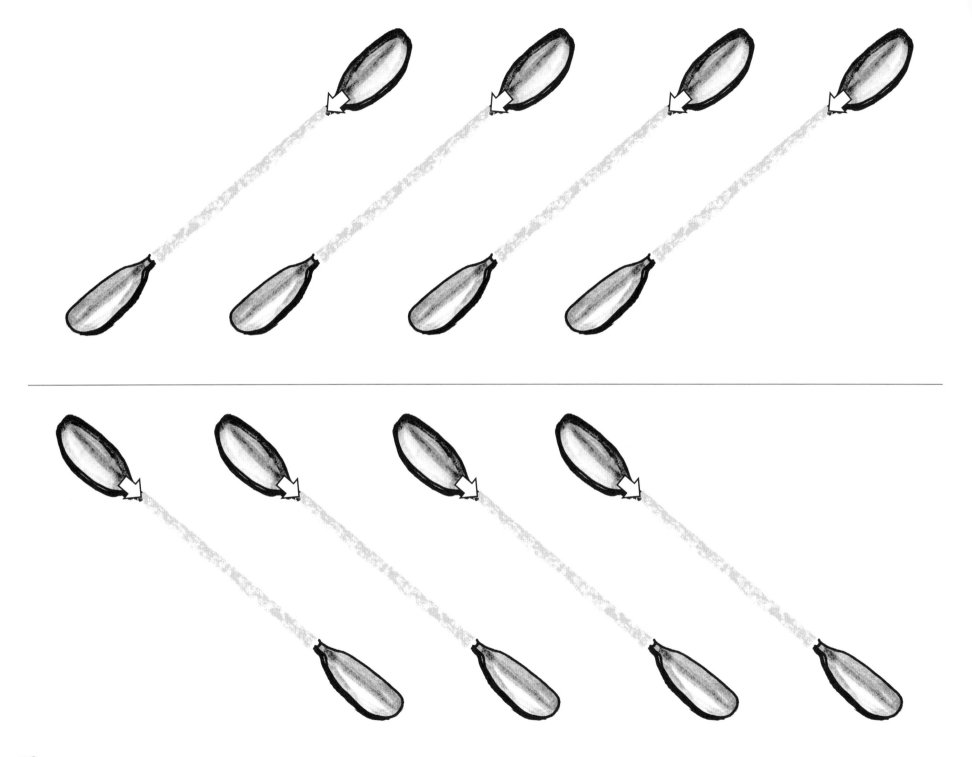

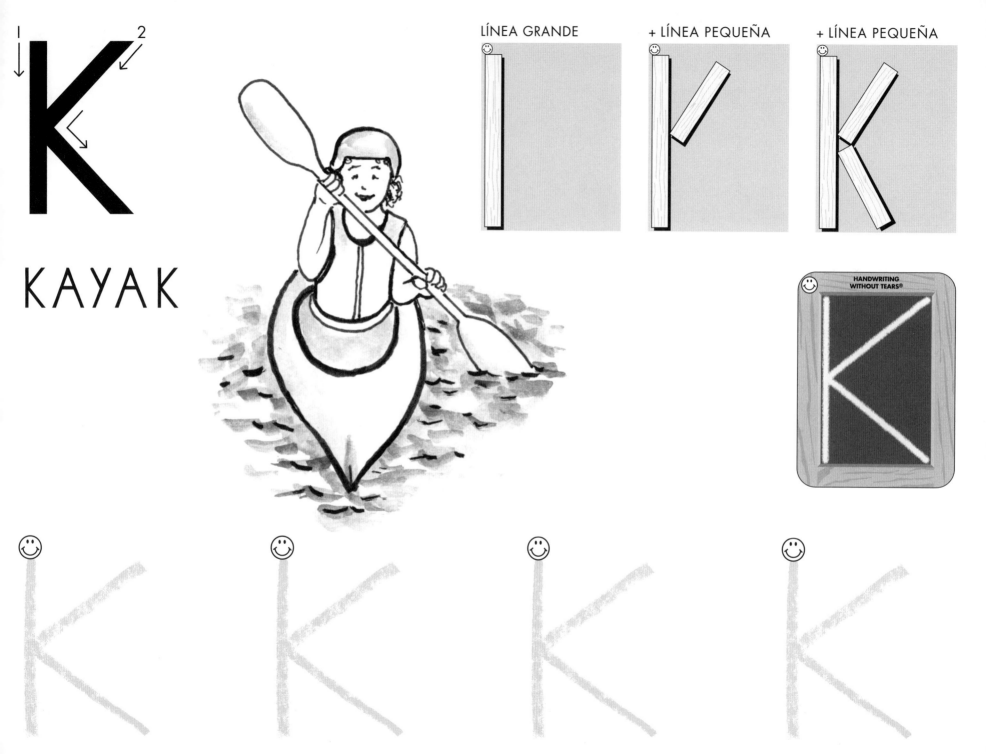

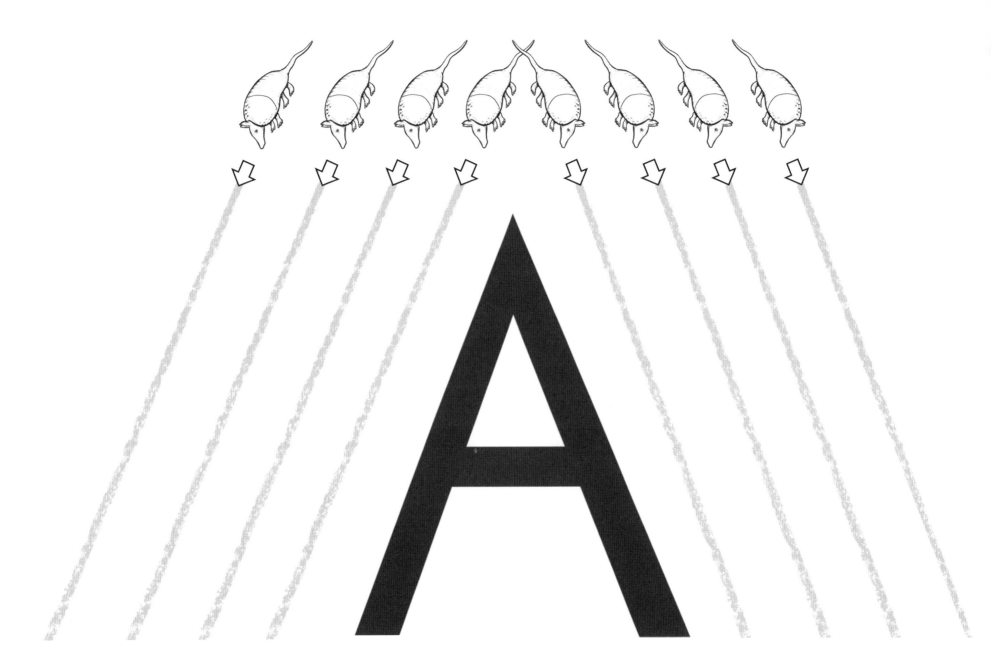

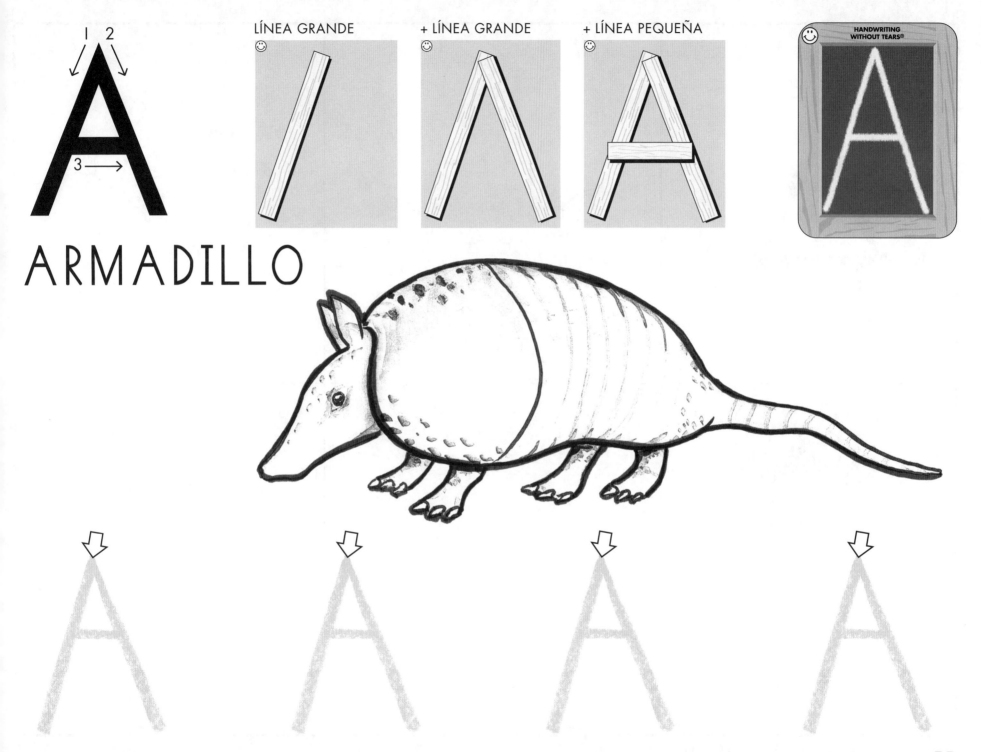

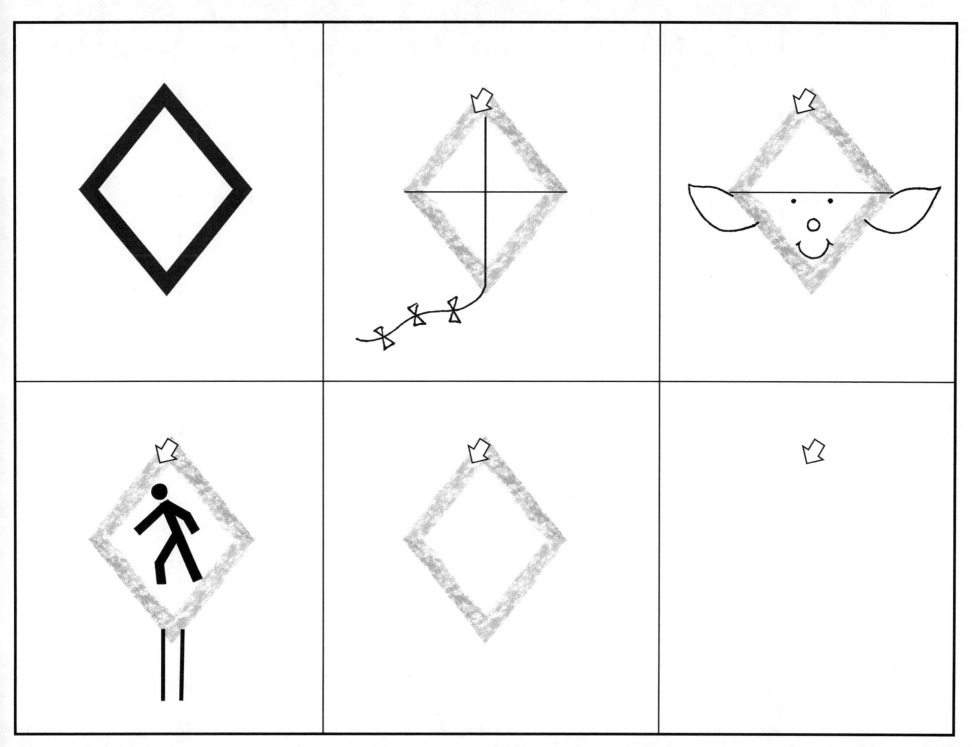

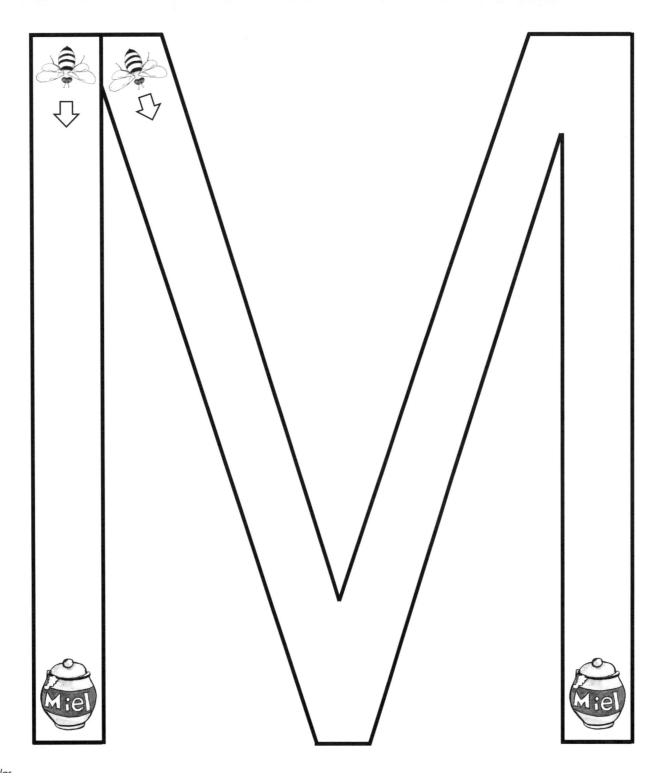

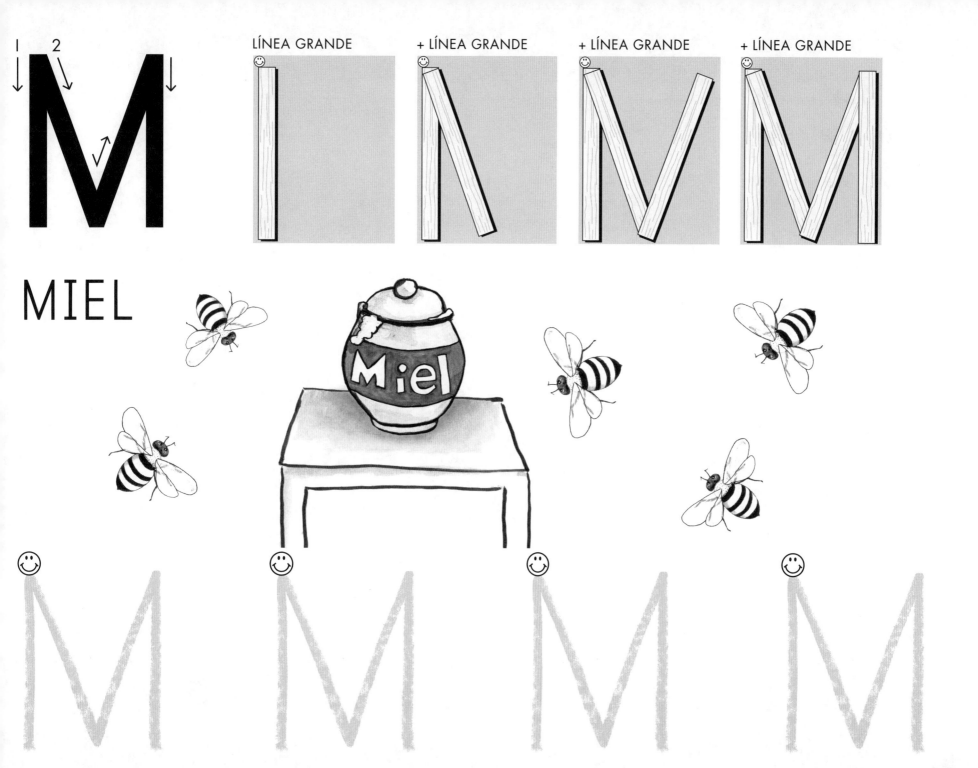

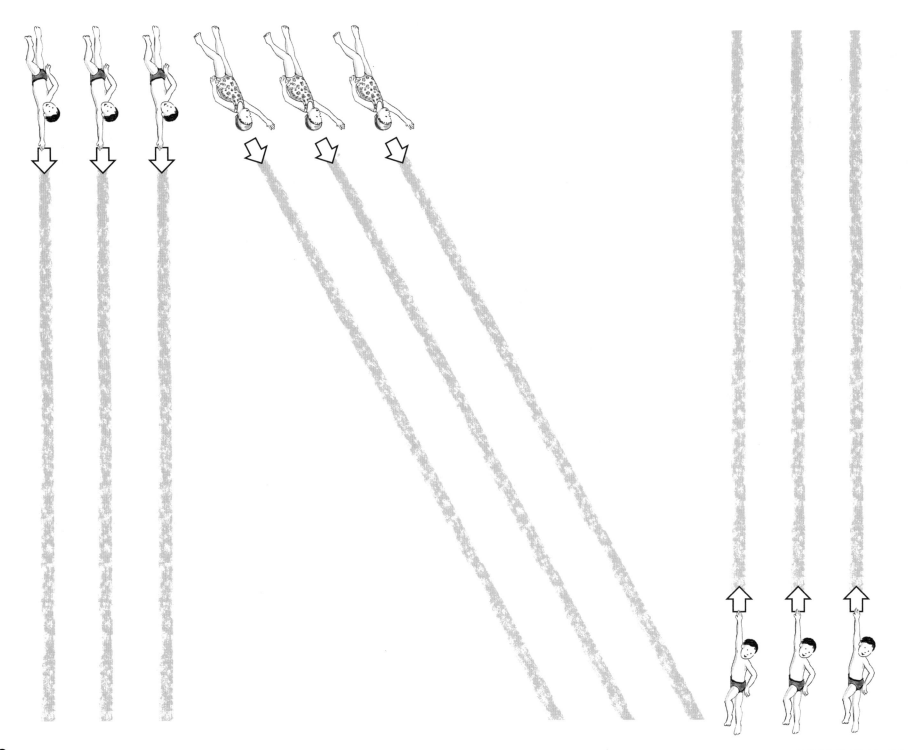

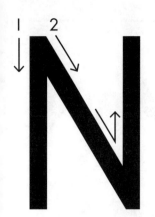

LÍNEA GRANDE 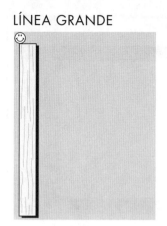 + LÍNEA GRANDE 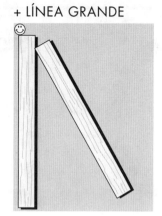 + LÍNEA GRANDE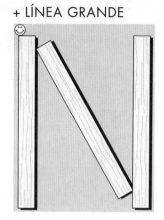

NIÑOS

La Ñ es una letra del abecedario español. Se parece a la N pero lleva una virgulilla arriba. La usamos en palabras como: NIÑA y PEQUEÑA.

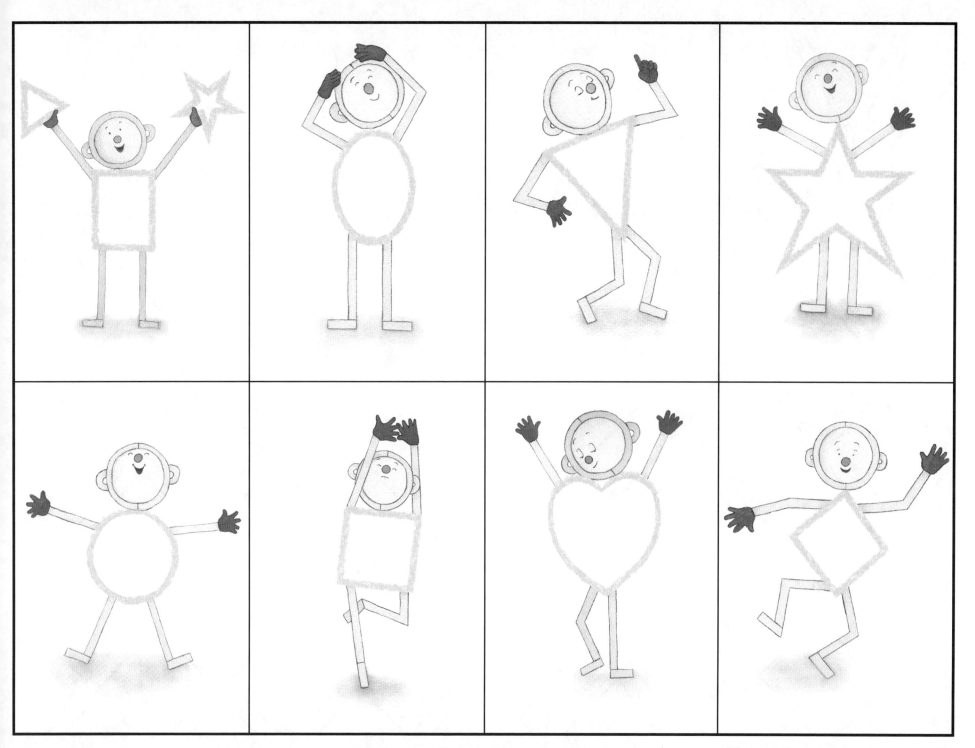

Más información sobre figuras en nuestro libro *Mat Man Shapes*

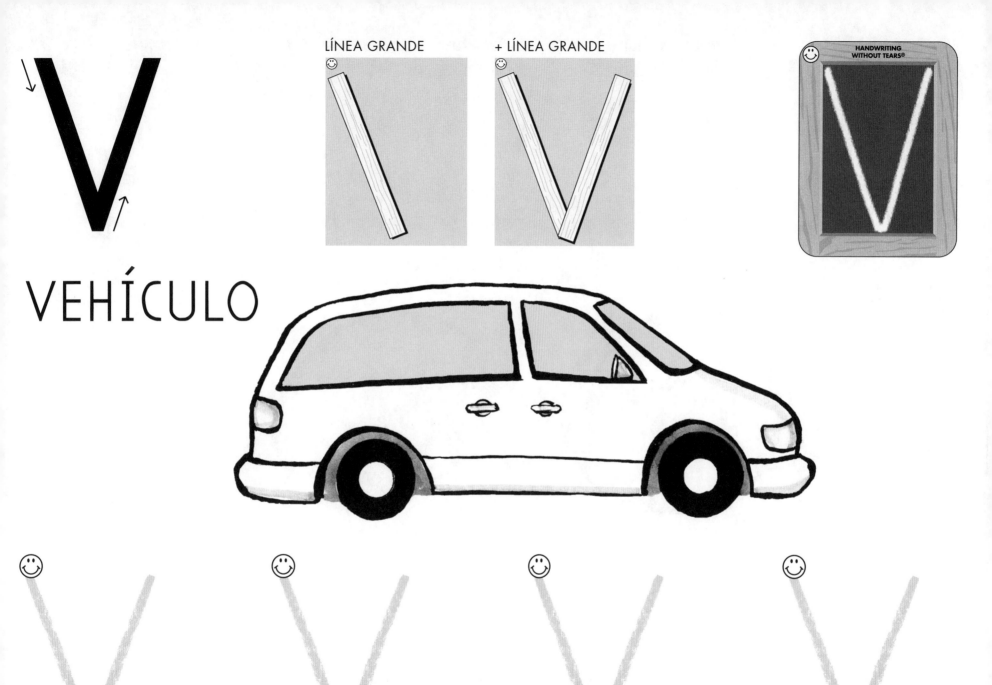

W

LÍNEA GRANDE + LÍNEA GRANDE + LÍNEA GRANDE + LÍNEA GRANDE

KIWI

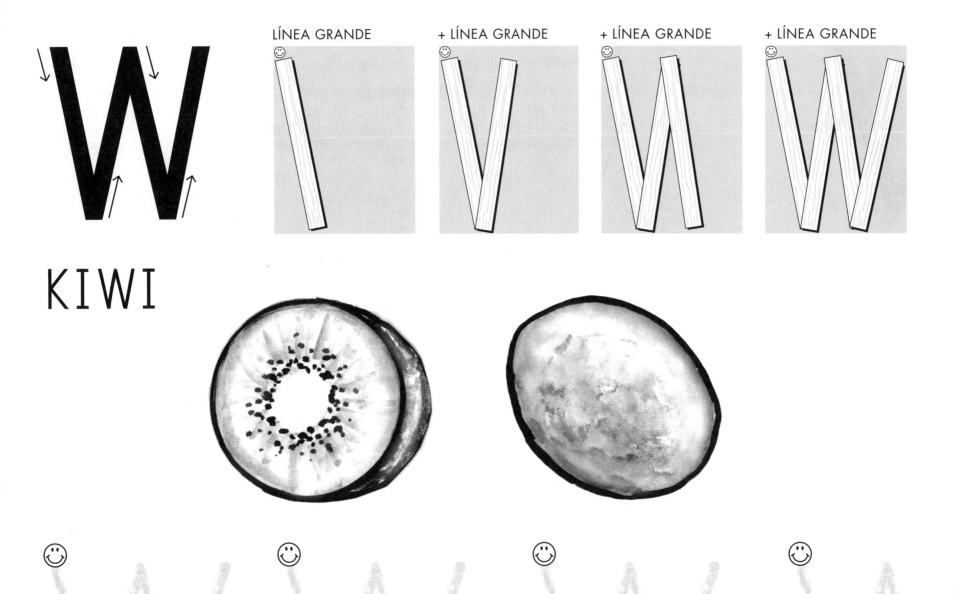

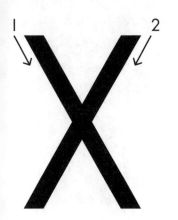

LÍNEA GRANDE 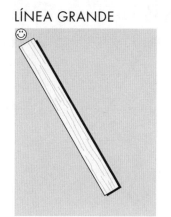 + LÍNEA GRANDE

XILÓFONO

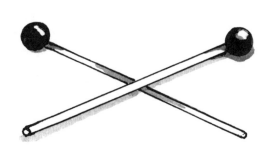 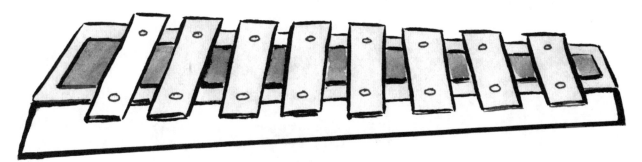

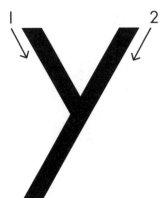

LÍNEA PEQUEÑA   + LÍNEA GRANDE

 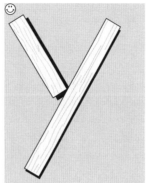

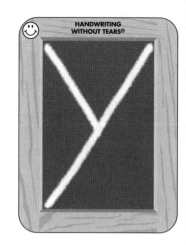

YOGUR

LÍNEA PEQUEÑA	+ LÍNEA GRANDE	+ LÍNEA PEQUEÑA	

ZANAHORIA

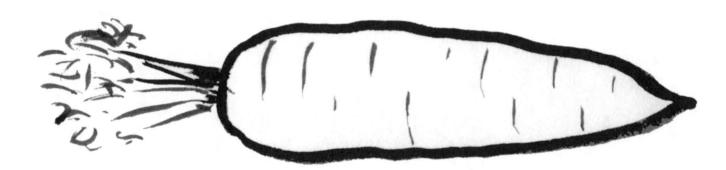

MAYÚSCULAS
y minúsculas

Trata estas actividades.
Úsalas con otras
letras también.

Encuentra la A mayúscula
y minúscula.
¿Se parecen?

T...tortuga empieza con t.
¿Cuál es su sonido?

Encuentra el delfín.
Delfín empieza con ___.

Encuentra la V.
¿Qué sigue después de V?

Combinando la Minúscula

Aa - ga ⓐ   Rr - r i

Ii - o i   Ee - a e

Dd - da   Nn - n r

Combinando la Minúscula

Ff - t (f)   Mm - m n

Hh - h n   Tt - f t

Gg - p g   Ll - k l

MAT MAN®

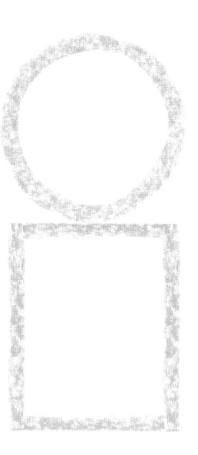

LÍNEA GRANDE

UNA ORUGA

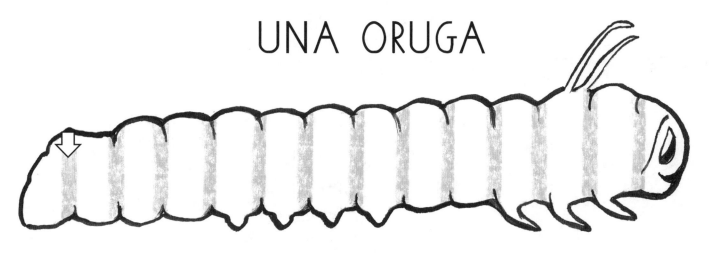

Cua, cua, pío, pío, quiquiriquí.
Cuando contamos las patas de las aves.
Siempre las contamos 1, 2.

CURVA GRANDE   + LÍNEA PEQUEÑA

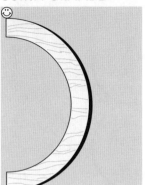 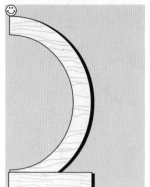 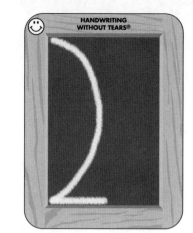

DOS POLLITOS

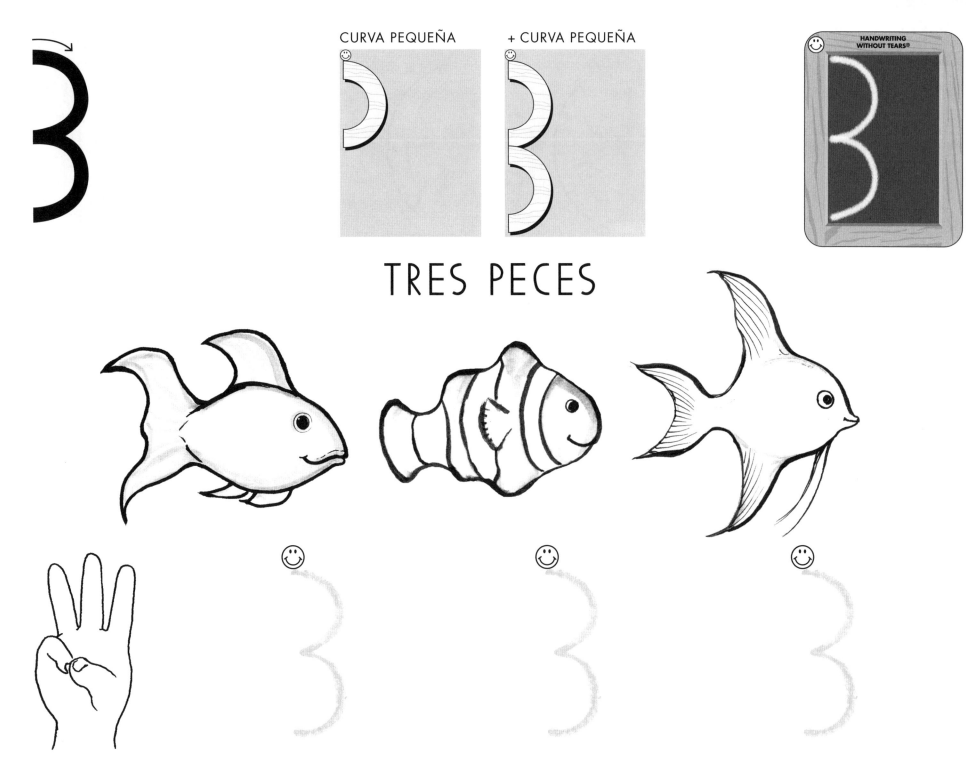

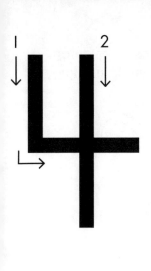

LÍNEA PEQUEÑA  + LÍNEA PEQUEÑA 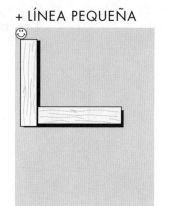 + LÍNEA GRANDE

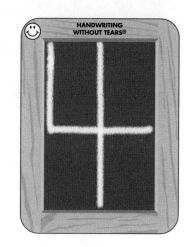

CUATRO ANIMALES

JUEGO CON CINCO DEDOS

Señalo con un dedo	Dos dedos caminan	Tres dedos se levantan y hablan en la esquina
	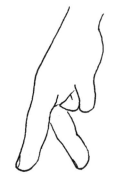	

1, 2, 3, 4 cuatro dedos cuento	¡Oh! Mira, 1, 2, 3, 4, 5, cinco dedos tengo	Cinco dedos arriba	Cinco dedos abajo
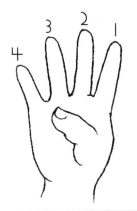	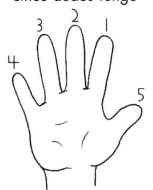		

Cinco dedos muevo con mi brazo	Cinco dedos por aquí	Cinco dedos por acá	Con diez deditos mi pelo lavado está
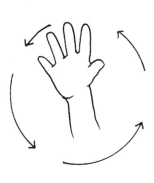			

Mi Primer Libro Escolar

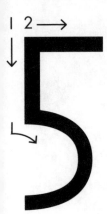

LÍNEA PEQUEÑA 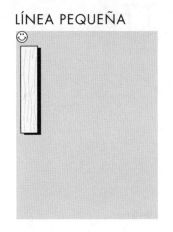 + CURVA PEQUEÑA 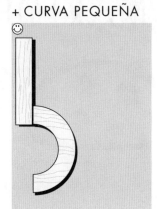 + LÍNEA PEQUEÑA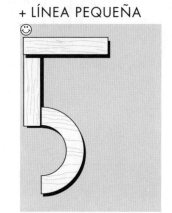

CINCO ESTRELLAS DE MAR

© 2013 Get Set for School®

Mi Primer Libro Escolar

SEIS MARIQUITAS

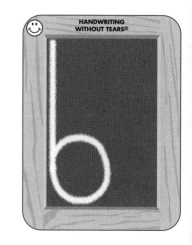

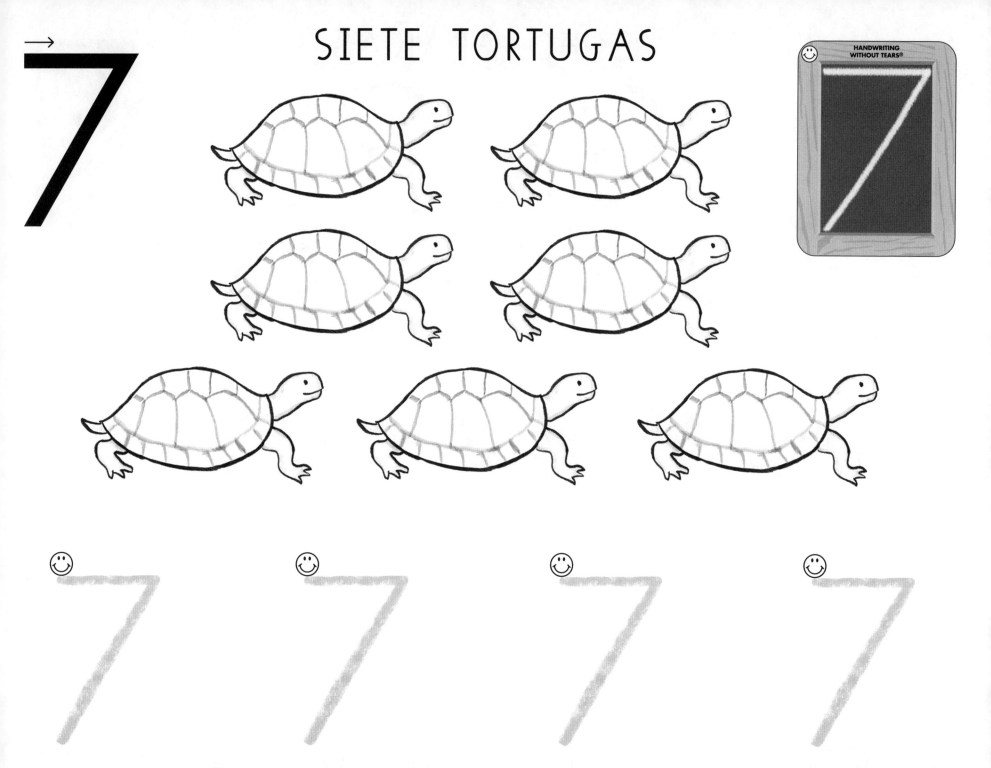

OCHO ARAÑAS

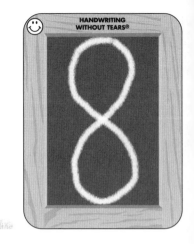

NUEVE CARACOLES

q

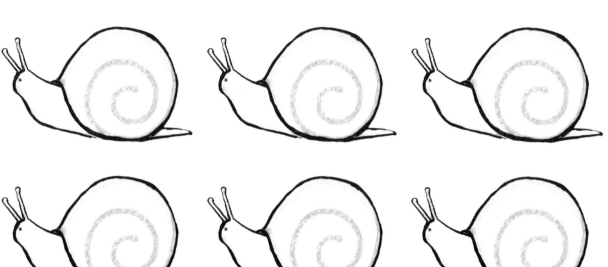
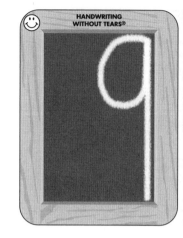

DIEZ GUSANOS

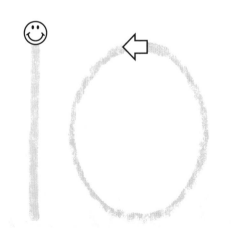 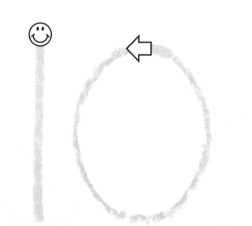 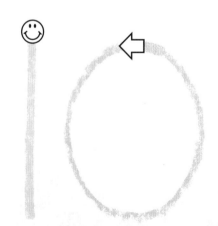

REPASO DE NÚMEROS

REPASO DE NÚMEROS

  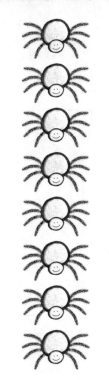  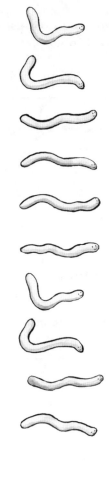

    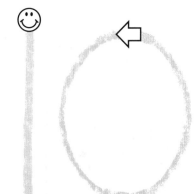

REVISANDO LA PREPARACIÓN *(Ver Readiness & Writing Pre-K Teacher´s Guide)*

1. **Nombra las 6 Imágenes** Pregunta, "¿Qué es esto?"   Manzana____ Zanahoria____ Banana____ Árbol____ Pantalón____ Uvas____
2. **Nombra los 6 Colores**   Pregunta, "¿Qué color de crayola?" Rojo____ Naranjo____ Amarillo____ Verde____ Azul____ Púrpura____
3. **Colorea 2 Dibujos**   El niño colorea todo el dibujo: Sí____ A veces____ Aún No____
   Esta dentro de las líneas: Sí____ A veces____ Aún No____
4. **Sujeta la Crayola** Estándar____ Alterna____ Palma____ **Mano preferente** I____ D____ ¿?____ **Sostiene el papel al colorear** Sí____ A veces____ Aún No____

5. **Nombra y Traza las Figuras** Pregunta, "¿Qué es esto?"   línea____ línea____ círculo____ cruz____ cuadrado____ triángulo____
6. **Copia las Figuras**   Dile al niño, "Copia esto acá."   línea____ línea____ círculo____ cruz____ cuadrado____ triángulo____

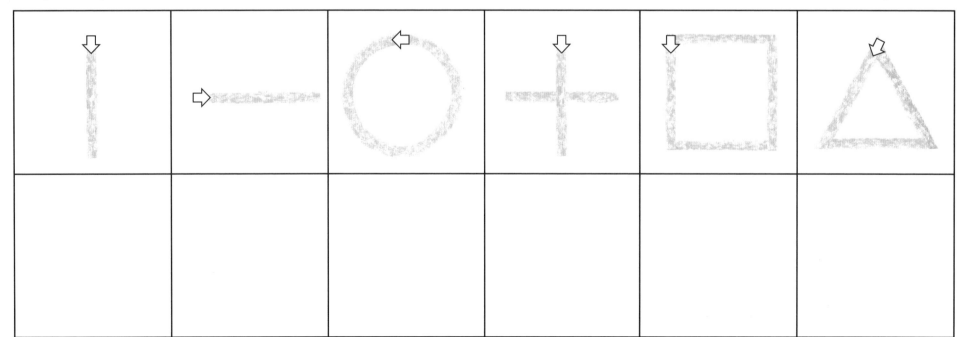

92 *Mi Primer Libro Escolar*   © 2013 Get Set for School®

7. **Dibuja una Persona** Usa una página en blanco. Ponle nombre y fecha a la hoja. Di, "Dibújate a ti mismo u otra persona. Dibuja el cuerpo entero."
Cabeza_____ Ojos_____ Nariz_____ Boca_____ Orejas o Pelo_____ Cuerpo_____ Brazos_____ Manos_____
Piernas_____ Pies_____ ¿Algo más? _____

8. **Nombra 10 Letras** Pregunta, "¿Cuál es esta letra?" E____ O____ A____ T____ N____ S____ H____ I____ L____ R____

9. **Nombra 10 Números** Pregunta, "¿Cuál es este número?" 3____ 5____ 1____ 4____ 8____ 2____ 10____ 6____ 7____ 9____

10. **Trata de Escribir el Nombre**—Di, "Escribe tu nombre aquí. Utiliza letras mayúsculas." *Pon un punto en donde el niño inicia cada letra.*